AF235462

Bis meine Seele Dolche warf

Bibliografische Information der Deutschen Nationalbibliothek: Die Deutsche Nationalbibliothek verzeichnet diese Publikation in der Deutschen Nationalbibliografie; detaillierte bibliografische Daten sind im Internet über dnb.dnb.de abrufbar.

1. Auflage

ISBN: 978-3752896800

Herstellung und Verlag: BoD – Books on Demand, Norderstedt

Sabine Elisabeth Gondro

Bis meine Seele Dolche warf

Lyrik – märchenhaft, mythisch, monströs

Zu diesem Buch

Die Gedichte des vorliegenden Bandes sind in den Jahren 2012 bis 2019 entstanden, mit einer Ausnahme: Das Gedicht »In Vollmondnächten wie diesen«, das aus dem Jahr 1986 stammt.

Sabine Elisabeth Gondro, geboren am 17. Mai 1962 in Düsseldorf. Studium der Anglistik, Amerikanistik und Germanistik. Tätig als Journalistin, Autorin und Lehrerin. Lebt, lehrt und schreibt in Hamburg.

Im Akt des poetischen Schaffens
distanziere ich mich,
durchdringe,
verwandle.

Ich werde zur Zauberin.

Inhalt

I. Märchenhaftes

II. Mythisches

III. Monströses

I. Märchenhaftes

Drei Fragen

Die Brotkrumen sind ausgestreut,
markieren unseren Weg durch den Wald.

Wie sieht der Weg aus?, fragst du.
Verschlungen.

Und die Brotkrumen?
Werden die Vögel gefressen haben.

Und was führt uns dann hinaus?
Schweigen.

Mein lieber Schwan

Nie sollst du mich befragen,
Mein Geheimnis hüt' ich wohl.

Gar furchtbar die Konsequenz,
Käm' Neugier auf diese Spur.

Mir doch schwant, das Futur Zwei
Längst aufwärts gleitet den Strom:

Der Held wird fortgetragen,
Das Lerchelein verschreckt sein.

So wird durch Weibsleut' Gründeln
die Romance schnöd' gekillt sein.

Seelenschiffer

Du lotest mich aus
wie ein Schiffer die See.

Umfährst Klippen und spürst
Riffe auf.

Fischst nach Schätzen dort,
wo das Wasser am dunkelsten ist.

Gibst einen Moment nicht acht und
strudelst in einen Mahlstrom.

Rettest dich mit letzter Kraft
vor dem Schiffbruch.

Meine Seele aber, Geliebter,
setzte Segel
und der Wind wurde mein Gefährte.

Blueprint

Meine Seele blaue Tinte
gemörsert aus der Zeit
gestern heute morgen
auf dem Papier vereint.

Meine Seele blaue Tinte
zerfließt in dem Papier
verliert sich in Träumen
von einem dir und mir.

Meine Seele blaue Tinte
kauert in dem Papier
bezieht ihre Stellung
ein angezähltes Tier.

Meine Seele blaue Tinte
jazzt über das Papier
spielt auf deinem Ego
in Dur und Moll Klavier.

Die Lichtung

Der Wald vor lauter Bäumen
unsichtbar.

Plötzlich die Lichtung:
Smaragdgrünes Leuchten
zieht uns in den Bann.
Dazwischen die
Früchte
keck knospen.

Das Blut rauscht:
Ich bin so wild nach deinem ...
Greifen,
Hineinfallen
in die Wonnen,
bis der Bauch schmerzt
und es gut ist.

Der Wald hat uns zurück.

Hexenküche

Wenn Welt wieder zu viel wird,
steige ich in die Hexenküche hinab.

Wilde, bezaubernde Frauen
baden mich in ambrosaischen
Wassern des Morgenlands,
liebkosen und bemalen
meine Haut, bis sie strahlt.

Wie gesponnenes Gold glänzt
mein Haar und das Gewand
voll magischer Zeichen leuchtet.
Der Spiegel erkennt mich nicht.
So komme ich neu in die Welt.

Willige Einhörner steppen auf Sand,
Ovationen, die ich stolz erhalte.
Der mir Liebste liest mich unbeirrt.
Sein Blick prüfend, sein Lächeln
sanft-ironisch fragt:

Und was willst du mir damit sagen?

Ein altes Tanzspiel

Sie sitzen im All-Night-Café, reden.
Hin und her.
Die Menschen um sie herum
hören und sehen sie nicht.

Ihr kurzer Rock verrutscht,
sie fängt seinen Blick ein.
Brüderlein, komm tanz mit mir …
einmal hin, einmal her.

Er genießt die Zeit mit ihr,
sie driften in ihrer blauen Blase.
Er liest sie mit den Fingerspitzen.

Sie wird ihn gehen lassen und
er wird zurückkommen.
Sie weiß das. So genau.
Schwesterlein, komm tanz mit mir …

Das ist das Spiel.
Rundherum.
Das ist doch nicht schwer.

Das Comeback des Prinzen

Wir bekennen: Wir haben in den 80ern
den Märchenprinzen umgebracht.
Er hieß Dietmar-Michael-Stefan-Peter-
Ralf-Ulrich-Thomas …
Wir haben es getan: kalt lächelnd, lila
gelatzhost oder sweet and sexy,
semi-durchsichtig im India-Flatterkleid.

Er verschied ohne heftige Gegenwehr.
Fast schien es, als wäre er der ewigen
Prinzenrolle müde.
Ließ sich von uns Super-Hexen
im tiefen Tal killen.
Und doch hörten wir nicht auf,
im Herzen Prinzessin zu sein.

Wir schlichen uns in sein Mausoleum
und drückten unseren Erdbeer-Mund auf
die Prinzenstatue
Immer und immer wieder.
Ohne Rücksicht auf das hämische
Getuschel hinter unserem
Rücken und den Lippenstiftschmier
auf dem Marmor.
Und dann: yeah, das Comeback!
Ein wenig marmorstaubig, so stand er
vor uns, aber kein Zweifel, unser Prinz.
Wir sind in die Jahre gekommen, wir
Svende & Co. Er ist nicht mehr unser

Mittelpunkt, wir können auch ohne ihn
leben und er ohne uns,
wie er bekannte.

Er habe in seinem langen Statuen-Schlaf,
denn er war ja nur erstarrt, nicht tot,
manchmal von uns geträumt:
Dann schob sich ein sexy-hexy,
lila-black Bild in seine Pupille und
hörte im Sternum auf zu sein.

So träumte er starr vor sich hin.
Wir schwiegen stille.
Da küsste er uns zärtlich und wir lachten,
gestanden ihm, dass wir nie
aufgehört hätten ihn zu lieben,
und dass wir seine grau-melierten
Schläfen sehr erotisch fänden.

Wir streiten wieder mit ihm und er mit uns,
aber wir vertrauen einander endlich.

Die leicht nach Marmorstaub
schmeckenden Küsse zollen dem
Memento Mori unserer Beziehung
Respekt.

Warnung

Die Flammen züngeln über den
Rand der Feuerschale.
Gieriges Lecken von ein
Dutzend heißer Zungen.
Glühende Finger in alle
Richtungen schnellend.
Gib acht! Gebranntes Kind scheut das
Feuer.
Doch da stehe ich schon in Flammen.

Komm

Komm nur einmal noch in meinen
Garten!
Deine müden Glieder will ich betten
zwischen Rosen und Rittersporn
dich mit Früchten füttern aus meinem
Beet.

Komm nur einmal noch in meinen
Garten!
Dort will ich mit Feigen und Fenchel
dich festigen
dich stimmen in der Voliere fürs
Konzert.

Komm nur einmal noch in meinen
Garten!
Deine Sinne werde ich betören
zwischen Tagetes und Thymian
mit dir tanzen in einen
Rausch.

II. Mythisches

Lunatiker

La Luna, guarda la bella Luna!
Ihr Abglanz hüllt die Nacht
in diamantene Schönheit.

La Luna, nur ein kalter Stein.
Es heißt, sie hat ihr Blut
den Kindern gegeben einst.

Sie kreisen im All, die Vampire,
blicken aus brennenden Augen
auf das Chaos unter ihnen.

Der Dichter heult gen La Luna,
schmiedet Verse wie Sprossen
einer Leiter zur toten Göttin.

Er lamentiert über sein Schicksal:
opfert einer kalten Schönen
unter verlöschendem Blick der Brut.

Oh, Dichter! Lass nach die Idolatrie!
Besing die Schönheit der Glut
des pulsierenden Bluts mit mir.

Der Traum des Fauns

Er träumt.
Liegt da ausgeliefert
den Nymphen und Satyrn.
Sie messen und wiegen ihn,
ob er für Wonnen
gewichtig genug.

Doch er wacht nicht auf
von dem kecken Spiel.
Im Traum jagt er Nymphen
und Satyrn.
Seinem Pferdefuß kann
niemand entkommen.
Es gelten seine Spielregeln.

Das Maß nimmt er im Traum
und kostet aus bis zum
letzten Tropfen.
Der sexy Sartyr
spielt ein erquickendes Spiel.
Liefert sich aus,
um zu träumen.

Media

Ich webe nach alter Weise Worte.
Verkreuze sie in einem
magischen Einmaleins:

Und Eins ist keins.
Aber aus Eins und Eins wird Drei
und damit keins.

So gleitet das Schiffchen wie von selbst.

Chiffre, mein Teppich aus Zeichen,
auf dem wir die Nächte verbringen
segelnd gegen unsere Algorithmen.

Du, geliebter Thessalier,
beherrschst noch immer die Kunst
des Dechiffrierens.

So erreichen wir in der Morgenröte
neue Gestade.

Hoffnungsverrückt, beide, dieses Mal,
die Fäden in der Hand zu halten.

Tiefgang

Wir tauchen tief
dorthin, wo die Fische
Farben haben,
für die es keine Namen gibt.
Formen, die uralt sind,
Augen blind für das
Glitzern und Schillern über ihnen
und doch alles durchdringend.

Hier unten sind die Geräusche
intensiver und jeder Flossenschlag
gleicht einem seismischen Beben.
Wir sprechen in Zeichensprache
und versinken noch tiefer,
bis der Sauerstoff knapp wird.
Deine Hand auf meiner Schulter.

Ich vertraue dir.

Nach einem Traum

Was geschieht, wenn die Gesichter der
Männer, die ich kannte,
überlagert werden im Wischeffekt
durch ein einziges Gesicht?

Wenn du die Synthese all jener
bist, die mich berührten?
Der Wunsch mich fallen zu lassen
in deine Arme übermächtig wird?

Wenn du in meine Träume dringst
und ich dich schmecke?
Deine Lippen, deine Zunge,
deinen Nacken?

Wenn mein Haus in Flammen steht
und ich ruhig dabei zusehe, dass
ich alles verliere, was ich besaß,
weil du mich bei dir aufnimmst?

Lesekunst

Irgendwann wirst du mich lesen:
mit den Fingern die Dunkelheit
ausleuchtend Wort für Wort.

Die Hitze unter deinen Händen spüren,
wenn du dich auf meinen Seiten langsam
vorwärts tastest,
den unbekannten Geruch in dich
aufsaugend.
Auf Stellen treffen,
die die Spannung ins schier Unerträgliche
steigern.
Das Zittern beim Aufblättern wahrnehmen,
das sich in Morsezeichen
auf deine Haut überträgt.

Kein Vergleich kann erfassen, was
deine Lesekunst in mir auslöst.
Jede Metapher zu profan
für diese Kommunikation,
mit dir.

Im Schattenwinkel lass uns Worte finden
wie am ersten Tag im Garten Eden.

La Bise
La chanson grecque

Drei Uhr in der Früh:
Kalte Küsse und
Oh, Café Frappé
Gibt es jetzt von dir.

Taxi nach Paris …
Es blieb ein beau rêve.
Der Wind hat gedreht,
Nennt sich nun la bise.

Mir ist heiß, I freeze,
Die Tür öffnet sich.
Wer tat dir ein Leid?
C'est la bise, la bise.

Ich wünscht, ich wär weg,
Auf dem Strand von Kos
Und tränk Café Grec
Mit dir, o Erós.

Sieg der Erinnyen

Ich habe aus meinem Herzen
eine Mördergrube gemacht.
Dich geopfert, taub vor Schmerzen.

An Erinnyen Krallen gewetzt,
bis meine Seele Dolche warf
und nicht nur dich damit verletzt.

Die Spiegel hab' ich abgehängt,
den Ton dabei auf off gestellt,
dass ihr Sprechen mich nicht bedrängt.

Die Welt erobere ich mir neu,
du verrottest in der Grube.
Ja, ich trenne mich von der Spreu.

Ich grüble nicht, warum ich schwieg,
warum ich lieber dich versenkte.
Es heißt, die Hölle kennt kein' Sieg.

Zu spät ist es für Neubeginn.
Ungereimtes im Kerzenlicht,
ach, was wäre mein Lustgewinn?

Zum Tango stets gehören zwei,
in der Liebe halt ich es so.
Mein Bett ist kein Parkett für drei.

Spiele

wollt ich nicht mehr spielen,
doch bin ich nicht allein.

Du spielst und jonglierst,
die Zahl der Bälle
hältst du geschickt geheim.

Vielleicht ist auch alles
so, wie du es sagst.

Ach, Liebe, warum vertrau
ich dir nicht ganz?

Warum dreht sich der Skorpion
im Feuer
und glaubt, es wär
des Phoenix' Tanz?

Windsbraut

Dein Haus ist jetzt windstill,
sagst du.

Die Scheiben hast du durch
High-Tech-Segeltuch ersetzt.

Stuhl, Tisch und Bett,
Becher und Teller in 3-D
gedruckt.

Dank Solar-Akkus.

Du bist so krisenfest.
Jeder soll sich ein Bild
davon machen.

Geld hast du schon wieder genug,
sagst du.

Dank Emissions-Zertifikaten.

Ich sehe: Nichts erinnert mehr an
die archaischen Szenen
in deinem Haus.

Du hast vergessen, warum
deine Welt in Scherben ging.
Neulich sah ich »Die Windsbraut« von
Max E. als Hologramm.

Lachend im Laserstrahl
sich windend.

III. Monströses

In Vollmondnächten wie diesen

In Vollmondnächten wie diesen
sucht die Erlösung nach Rettung.
Aus den Augenhöhlen jagen Vampire,
trinken gierig von dem Blut der Unschuld
und werden süchtig nach Morgenröte.

In Gedanken läutet die Erinnerung
Sturmwarnung und zitternd
verbirgt sich die Angst im
Dickicht der unausgesprochenen Worte.

Im Schattenwinkel winden sich zwei
Gedanken voller Lust:

Come on baby, take a chance on me
And meet me at the corner of my wisdom.

Wir müssen einander die Angst nehmen.
Die Angst des Mannes vor der Frau,
die Angst der Frau vor dem Mann und
wenn der letzte Hahnenschrei verklingt,
will ich einen Apfelbaum pflanzen,
vor Hoffnung verrückt.

In Vollmondnächten wie diesen erlösen
wir uns, um danach nur
noch einsamer zu sein.

Zwei Personen

Zwei Personen am Tisch.
Die eine lächelt, öffnet sich.
Die andere verschließt sich
– hermetisch.

Zwei Personen am Tisch
– ein Psycho-Spiel.

Mit ausgebreiteten Armen
mich wegschleudern
in die Kälte des Äthers,
wo aus allen Sternen

deine Augen strahlen.

Wortspiele

Worte schmecken nach
Vanilleeis mit Erdbeeren
Prickeln auf der Zunge
Klingen im Magen
Schwer und heiß.

Worte klingen nach
Steel Swiss Made™
Kreisen im Kopf
Stechen im Herzen
Kalt und scharf.

Worte fassen nach
Samt und Seide
Hüllen die Haut ein
Tanzen im Bauch
Heiß und kalt.

Niemandsland

Im Niemandsland der
unausgesprochenen Worte:
vermintes Terrain.
Lass dich da nicht täuschen.

Tritt ein falsches Wort los,
du wirst es teuer bezahlen.

Die Genfer Konvention gilt
hier nicht und Gefangene
werden nicht gemacht.

Warum spielen wir mit dem Krieg?
Warum spielen wir mit der Liebe?

Lieb ich dich? Nicht.

...

Hauptfiguren

Zwischen Tür und Angel
verlor sie ihre Worte.

Zwar plauderte sie heiter,
und er ging darauf ein.
Doch ihr Gesicht zeigte einen
Thriller.

Ein Mann und eine Frau im Nebel
wortgewandt schweigend
über den Abgrund,
der nur eine Armlänge
entfernt klaffte.

Wir Nebelwesen

Wir Nebelwesen
Wandern durch die Welt
aus Wortschwaden, die kaum
aus den Mündern tropfend
uns in Schemen verwandeln.

Wir Nebelwesen
Grenzen uns ab in einer Wolke,
die, unsere wahre Gestalt
verbergend, vor wohlmeinenden
Annäherungsversuchen schützt.

Wir Nebelwesen
Taumeln durch die Welt
im Smog unserer elektronischen
Wortgewandtheit, der uns
langsam ersticken lässt.

Dumpfes Dröhnen des Nebelhorns
unsere Trauermusik.

Weltraumschrott

Es ist nicht mehr, als hätt' der
Himmel die Erde still geküsst.
Die Blüten liegen welk danieder,
Der Planet im Fieber stöhnt.

Die Luft flirrt noch vor Hitze,
Die Felder knistern laut.
Da rauscht kein Bach noch Wald,
Weltraumschrott statt Sternennacht.

Und meine alte Seele weint
Heiße Tränen viel',
Schwirrt durch zerstörten Raum,
Als suchte sie ein Ziel.

Schmetterlingseffekt

In der Nacht, bevor ich dich traf,
träumte ich dich.

Dein Kuss vibrierend wie der
Schlag eines Schmetterlingsflügels.

Auslöser jenes Sturms,
der uns im Hypertext heimatlos machte.

Nun herrscht Windstille und
du wohnst nur in meinem Traum.

Können Schmetterlinge weinen?

Poetische Reflexion

Du warst der Wissenschaftler
im Selbstversuch.
Ekstase hat dich davongetragen.

Wieder nüchtern hast du
kartographiert,
klassifiziert,
kalibriert.

Mit meiner Poesie vermag ich zu
erfassen,
wie mir geschah.

Kompass

Meine Seele ein Reisepass,
versehen mit den Stempeln
der Länder in den Tiefen
des menschlichen Universums.

Keine Impfung machte mich
immun gegen die Seuchen,
die dort lauerten.

Kein Reiseführer gab mir
Orientierung auf dem Weg
durch die Labyrinthe.

Ich vertraute auf meinen Reisen
dem einzigen Kompass, dessen
Nadel nicht betrog: meiner Intuition,
die mir im Akt
der Zeugung mitgegeben.

Navigation mit den Stimmen der
Vorfahren.

So überlebte ich in den Abgründen.

Danksagung & Impressum

Merci!

An dieser Stelle in einem Buch ist es an der Zeit Danke zu sagen. Das gilt auch für diesen Band, der Texte enthält, die im weitesten Sinne Märchenhaftes, Mythisches oder Monströses thematisieren. Das übergeordnete Thema lautet aber:
Beziehungen in all ihren Spielarten.

Ich danke allen in meinem Umfeld, die mich auf vielfältigste Weise in meinem Vorhaben unterstützt haben, die geduldig Texte lasen und mir Rückmeldungen gaben, die mich weiterbrachten, die mir klug und kreativ mit professionellem Wissen bei der Umsetzung von einer Loseblattsammlung zum Gedichtband halfen :)

Ihr klugen, sensiblen, humorvollen Menschen, ich bin sehr dankbar, dass es euch in meinem Leben gibt.

Keep your mojo working!

Design/Layout: Daniel Spieker & Luca Koster

Autorinnenfoto: Petra Daum